# RÉPONSE

## A M. MÉHÉE,

DÉDIÉE

A M. LE CHEVALIER DE SPIES,

SECRÉTAIRE D'AMBASSADE DE S. M. L'EMPEREUR DE TOUTES LES RUSSIES;

Par CONSTANS.

A PARIS,

Chez PÉLICIER, Libraire, Palais-Royal, galerie de la première cour, n°. 10.

OCTOBRE 1814.

# A M. DE SPIES.

MONSIEUR,

Daignez agréer cet hommage public de mes sentimens. S'il parvient jusqu'aux pieds du trône de Votre Auguste Souverain, SA MAJESTÉ y verra que notre amour pour LOUIS-LE-DÉSIRÉ est aussi inaltérable que notre admiration pour ALEXANDRE-LE-MAGNANIME.

J'ai l'honneur d'être avec la plus haute considération,

MONSIEUR,

Votre très-humble et très-obéissant serviteur,

CONSTANS.

Paris, le 5 octobre 1814.

# RÉPONSE

## A M. MÉHÉE.

J'avais ouï parler, Monsieur, de votre brochure : je croyais exagérés les rapports qu'on en faisait : la troisième édition me tombe sous la main : je vais essayer d'y répondre *currente calamo*.

*L'intérêt de la patrie* vous a, dites-vous, inspiré cette *dénonciation*. Sans approfondir jusqu'à quel point il est permis d'être dénonciateur, j'observerai seulement qu'une dénonciation publique est un libelle ; et, lorsque ce libelle est fortement assaisonné pour le rendre plus *piquant*, lorsqu'on en tire une *troisième* édition, cela ressemble bien plus à une spéculation littéraire qu'à une dénonciation officieuse. Il y aurait eu quelque mérite ( si toutefois il s'en trouve à se mêler des affaires du gouvernement ) à dénoncer au Roi, *à lui-même*, les actes de ses Ministres, par une lettre que vous lui eussiez adressée directement, que vous lui eussiez remise en personne. Tout le monde approche le Roi, même jusqu'à l'abus : ce *père du peuple* ne se croit jamais trop près de ses enfans. Personne n'est plus franchement à la recherche de la vérité que le Roi : il vous a donné lui-même la liberté de la presse. Loin d'improuver cet acte de dévouement, il vous en eût su gré ; il l'eût pesé dans sa sagesse , et l'*intérêt de la patrie* eût été satisfait. Mais ces déclamations outrées ne pourraient-elles point faire douter de votre désinteressement, faire croire que vous vouliez acquérir de la célébrité, flatter un parti, et, en attaquant les actes des Ministres, prouver que vous auriez bien mieux fait qu'eux, par conséquent que vous conviendriez bien mieux à leur place ?

Veuillez, Monsieur, pardonner ma franchise ; c'est celle d'un homme autant que vous éloigné des antichambres, et l'ennemi des lettres de cachet, autant que vous passionné pour la liberté, et prêt, ainsi que vous, à lui faire le sacrifice de son existence. Mais tout en voulant le même résultat, nous différons étrangement sur le mode. Je ne trouve, moi, de vraie liberté que dans la monarchie. J'ai vu de près les républiques, et je n'y ai trouvé qu'aristocratie et servitude. Dans tous les petits Etats ( et c'est à ceux-là seuls que peut convenir la république, en supposant qu'elle soit jamais convenable ), on est trop exposé à être oppresseur ou opprimé, et, si l'homme en place est pervers, le bon droit succombe toujours sous l'influence du pouvoir, parce qu'il n'est pas dominé par un pouvoir souverain, et que sa fortune met tout ce qui l'entoure dans une absolue dépendance. Dans un gouvernement monarchique, au contraire, tout le monde est égal aux yeux du Roi, parce que le Monarque est tout, qu'il peut briser à sa volonté les instrumens dont il se sert, et que la vérité parvient tôt ou tard à ses oreilles. Il sait d'ailleurs que l'inexorable histoire l'attend ; et devant ce tribunal , l'ame des souverains est toujours timorée. Les petites passions ne peuvent pas plus entrer dans le cœur des rois que des vues d'intérêt : ils n'ont point à s'occuper de leur fortune , de l'avancement de leur famille : ils n'ont qu'une couronne et un grand nom à soutenir avec éclat : l'honneur seul est leur guide, parce que la gloire seule est leur idole.

*Le premier aveu échappé à la véracité du Roi , c'est qu'il a été rappelé sur le trône de ses ancêtres par l'amour de ses peuples.* Le premier reproche que vous lui adressez, c'est d'avoir permis qu'on employât dans ses ordonnances l'ancienne formule LOUIS PAR LA GRACE DE DIEU. Ou vous voulez, Monsieur, jouer sur les mots , ou vous voulez nous faire entendre que Louis XVIII n'est Roi de France que parce que *tel a été notre bon plaisir.* Je vous sais trop d'esprit pour vous supposer capable de faire la guerre aux mots ; je pense donc que vous avez voulu tout simplement prévenir le Roi qu'il ne tenait sa couronne que de l'amour de ses peuples ; par conséquent que son pouvoir était entièrement à leur discrétion , et qu'ils pourraient le révoquer s'il cessait d'avoir le même droit à leur amour : en un mot , de cette franche et paternelle déclaration du meilleur des Rois, vous tirez une induction subversive de tous les principes monarchiques, et vous nous conduisez tout doucement au régime électif.

Je ne ressasserai point ici tout ce qui a été dit et redit sur les droits inaliénables et imprescriptibles du

Souverain dans une monarchie héréditaire. Le trône appartient au Roi et à ses descendans, aussi bien qu'un champ à son propriétaire : ils l'ont acquis aussi légitimement l'un que l'autre, le Roi par ses services, le cultivateur par son argent ; et, lorsque cette propriété remonte dans la nuit des temps, elle devient, pour la génération, pour la postérité, une obligation inviolable et sacrée. Le bon ou le mauvais usage que le Souverain fait de son pouvoir ne peut pas plus le consolider ou l'affaiblir aux yeux de la loi, que le bon ou le mauvais usage qu'un homme fait de son bien ne peut l'en rendre plus ou moins maître. Voilà les principes. A présent, veut-on juger combien les gouvernemens électifs sont dangereux ? Je ne remonterai point aux *Grecs* et aux *Romains*, pas même à la Pologne, pas même au directoire exécutif : je vous opposerai le règne de Napoléon, et je vous dirai : Jugez du choix du peuple. Eh ! combien le gouvernement héréditaire ne s'aggrandit-il pas à nos yeux, lorsqu'il nous représente l'auguste descendant des Louis XIII, des Henri IV, le frère de Louis XVI, ce Roi martyr de son amour pour son peuple !

C'est donc par les droits les plus sacrés, que Louis XVIII est Roi de France et de Navarre ; et, par l'usage antique, qui veut que *le Roi ne meure point*, Louis XVIII est à la dix-neuvième année de son règne, quoique pendant dix-huit ans l'exercice en ait été suspendu. Loin du territoire de la France, Louis XVIII n'en était pas moins le Roi légitime, et aucun acte de sa part n'a jamais porté la moindre atteinte à ses droits, quelqu'effort qu'on ait pu faire pour l'intimider ou le séduire.

Le second reproche que vous adressez aux Ministres, c'est de faire dire au Roi, *qu'après Dieu, il doit sa couronne au Prince régent.* C'est ici que vous manquez tout-à-fait d'exactitude. Ce reproche, s'il était fondé, pourrait entraîner les plus funestes suites, réveiller des haines déjà assoupies, et mettre encore une fois l'armée dans le cruel doute de son honneur outragé. Voilà où pourrait nous conduire l'erreur que vous voudriez propager : qu'aurait donc fait la plus insigne mauvaise foi ? Non, Monsieur, le Roi n'a point dit qu'il tenait sa couronne du Roi d'Angleterre : vous venez de nous déclarer vous-même qu'il avait *avoué* la tenir *de l'amour de ses peuples :* comment concilier cès deux versions ?

Loin de vouloir obscurcir la plus belle journée de notre siècle, celle qui nous a rendu l'auguste et antique race des Bourbons, que chacun s'applaudisse d'y avoir coopéré ; le civil par ses lumières ; le militaire par sa bravoure. Un sceptre de fer pesait sur la France : les hommes et l'argent étaient sacrifiés au luxe, à l'ambition d'un tyran insatiable. Les récompenses étaient prodiguées aux militaires ; mais elles manquaient à leurs yeux de la dignité qui seule pouvait les faire valoir. De grandes attributions étaient réservées aux hommes en place ; mais on exigeait d'eux une grande représentation et un dévouement servile qui les tenait sans cesse dans un état de gêne et d'oppression. La magistrature, ce foyer de lumières, végétait, sans autre considération que celle que lui méritaient ses vertus. Le commerce, ce nerf de l'Etat, était tenu dans une perpétuelle dépendance, parce qu'on craignait sa franchise et son influence. Un changement était désiré par toutes les classes. Les Puissances étrangères, qui se trouvaient sans cesse harcelées par la frénétique ambition de ce despote, qui ne prétendait à rien moins qu'à la monarchie universelle, s'unirent dans une sainte alliance, pour venger le monde et la France. Elles avaient éprouvé ce que pouvait la valeur de nos armées, et jamais le ridicule projet de conquérir la France n'entra dans leur pensée. A leur entrée sur le territoire, elles protestèrent hautement de leur vœu pour la paix et pour un gouvernement stable qui pût leur en offrir la garantie. Aux portes de Paris, ces protestations furent renouvelées, et des explications franches en donnèrent la conviction aux plus incrédules. L'étranger entra dans la capitale, et sa conduite prouva tout ce qu'il avait avancé. Pouvait-on ne pas tendre les bras à un ennemi qui, vainqueur, devenait allié, qui, pour premier bienfait, nous donnait la paix, nous rendait nos enfans, et ramenait avec les Bourbons la sécurité et la splendeur de la monarchie française ? Nos braves ouvrirent les yeux; ils entendirent la voix de leur famille, qui les conjurait, au nom de la patrie, d'adhérer à cette sainte alliance qui ne devait plus faire d'un peuple d'ennemis qu'un peuple de frères. La nation

entière s'était prononcée : l'armée se joignit à la nation ; et en cédant à ses vœux, elle prouva qu'elle
était digne de toute sa réputation : elle sentait qu'elle
pouvait encore montrer ce que pouvait sa valeur
pour délivrer le sol de la France , s'il devait l'être
par la voie des armes : mais il l'était par la voie des
traités , et l'armée fit le sacrifice des nouveaux lau-
riers qui l'attendaient encore.

Ne croyez donc pas, Monsieur, que l'armée française ait pu voir un instant sa gloire tachée par l'entrée des troupes étrangères. N'allez pas croire que le
Roi ait fait hommage à l'Angleterre de la couronne
qui lui était rendue. Le Roi , les puissances étrangères, tous les peuples, savent mieux que vous à quoi
s'en tenir sur ce point : toute l'Europe est convenue
que le plus heureux résultat a été le fruit de la plus
brillante conception , parce qu'elle a été adoptée par
tout le monde.

*Vous trouvez une différence de valeur entre les pro-
priétés patrimoniales et les propriétés nationales* , et vous
la mettez sur le compte du Roi. Mais jamais les
propriétés nationales ne furent plus consolidées. Si
elles n'ont pas la même valeur dans l'opinion, si
elles ne l'ont jamais eue , ne vous en prenez qu'au
peuple, et non au souverain. C'est avant l'arrivée
du Roi qu'il pouvait exister des craintes , des incer-
titudes : mais elles ont toutes disparu ou dû dispa-
raître , par la déclaration franche et invariable du
Monarque : il a fait tout ce qu'on pouvait attendre
de lui : le reste est l'ouvrage de la confiance. Re-

venez donc vous-mêmes de vos préjugés, cultiva-
teurs, propriétaires ! et la différence dont vous vous
plaignez disparaîtra.

Quant à la *liberté individuelle*, elle vous a été garantie par la charte ; et jusqu'à ce qu'on y ait porté
atteinte, permettez-nous, Monsieur, de vivre en
paix, et ne nous donnez pas gratuitement le mal
de la peur, pire souvent que le mal même. Ne re-
doutez donc pas *Vincennes*, tant que vous userez
de votre liberté en vous conformant aux lois : mais
laissez subsister *la Force*, pour les méchans qui les
violent.

Ce que vous dites sur *la responsabilité des Ministres*
est hors de la question, parce que la loi a déterminé
les cas où ils pourront être déclarés coupables. C'est
dans la loi que vous voulez, Monsieur, trouver une
garantie contre les abus de leur adminisiration ; moi,
j'en trouve une bien plus puissante dans la justice
du Souverain, tant qu'il me sera permis de me
plaindre, parce que le Roi est le premier inté-
ressé à resserrer les Ministres dans les limites de leurs
attributions.

Je n'opposerai rien à vos argumens en faveur de
la *liberté de la presse*. Comme vous, je la veux toute
entière. Comme vous, j'invoque la parole royale qui
nous a été donnée de nous faire jouir de ce bienfait.
Un Ministre prévaricateur, un agent corrupteur de
l'autorité, auront, contre un faible citoyen, tous les
élémens de la force ; et il n'aura rien à leur opposer,
puisqu'il se trouvera seul et sans défense. Mais la

liberté de la presse le couvre de son égide. Il fait retentir tous les journaux de ses justes sujets de plaintes : ils parviennent ainsi à la connaissance du prince, et ce Ministre est puni de sa prévarication. La liberté de la presse est le seul soutien du faible contre le fort. On enchaînera les actions, on ne pourra enchaîner la pensée; et ce droit de tout écrire, de tout imprimer, sera le fil électrique qui portera les commotions de la cabane du pauvre au cabinet du prince. *Si un seul de mes sujets est opprimé ; si je n'en suis pas instruit, c'est sa faute : la liberté de la presse lui a été donnée pour en user; que ne se plaint-il?* Voilà ce que dira le Roi; et cette pensée consolante, qu'aucun de ses sujets ne peut essuyer une injustice sans qu'il puisse en être instruit, ne sera pas une des moindres causes de la félicité de son règne. Mais il faut des lois répressives des abus qui pourraient résulter de cette liberté. Sans elles, le repos des familles serait à chaque instant troublé. L'administrateur, le magistrat, se verraient poursuivis, inquiétés dans l'exercice de leurs fonctions par d'indignes vengeances provoquées par un refus légitime ou une rigueur méritée. Les peines les plus sévères doivent être portées contre ceux qui abuseraient du plus sacré des droits, en le faisant tourner au profit des plus viles passions. Ces lois, une fois portées, la société est rassurée ; et les délits qui pourront l'affliger recevront une prompte et éclatante punition.

Que la liberté de la presse soit donc toute entière,

et qu'on ne dise point qu'il faut en soumettre l'exercice à des lois organiques : ce serait d'ailleurs remettre en question ce qui a déjà passé en principe. Ce serait une plaisante liberté, que celle qui serait soumise à la censure. Il ne sera pas hors de propos de dire un mot ici de ce que j'en ai moi-même éprouvé. Je venais de publier, les premiers jours d'avril, le TRIOMPHE D'ALEXANDRE : j'exquissais un ESSAI SUR LE POUVOIR. Tous les coins de Paris étaient tapissés de la déclaration du *gouvernement provisoire*, qui venait de proclamer la *liberté de la presse* comme un des premiers articles de notre constitution. Je me presse d'envoyer mon manuscrit à M. Didot, le priant de l'imprimer de suite.. M. Didot me répondit qu'il y a un petit commentaire de trois à quatre pages sur cet article, adressé à tous les imprimeurs; qu'il est obligé de s'y conformer, et qu'il va faire passer mon *Essai* à la censure. Qui croira qu'un ouvrage, tout entier consacré aux principes, favorablement accueilli par les plus *grands personnages*, ne reçut pas l'approbation du censeur, qui le frappa du redoutable *suspendu*, et que ce ne fut qu'à l'arrivée du Roi que je parvins à le faire imprimer ! Jugez par-là de la censure et du censeur : *ab uno disce omnes !*

Le principe une fois reconnu, et franchement adopté; qu'on suspende l'exercice de cette liberté tant qu'il présentera quelqu'inconvénient, rien de mieux. Quelques années d'épreuve, ou plutôt de maturité, sont peut-être encore nécessaires à ce fruit

qu'il pourrait être dangereux de cueillir aujour-
d'hui. Il vaut mieux prévenir les délits que d'être
obligé de les punir. Que la liberté illimitée soit donc
décrétée, sauf l'application des lois répressives; mais
que le Roi soit autorisé à en suspendre l'exercice,
tant qu'il le croira convenable. Nul n'est plus inté-
ressé, plus porté que le Roi, à faire jouir le peuple
des bienfaits d'une constitution libérale. Qu'on s'en
rapporte donc aveuglément aux lumières de son esprit,
à la droiture de son cœur !

*Quant à l'organisation de la garde du Roi*, elle ne
doit alarmer personne. Ce ne sera jamais contre ses
sujets que le Roi de France sera dans le cas de faire
tourner ses armes, parce que ce ne sera jamais contre
un père que des enfans chéris pourront lever des mains
parricides : ainsi toute crainte à cet égard serait une
injure. Le Roi, se livrant chaque jour sans défense
à l'empressement de ses sujets, toujours avides de sa
présence, dédaignant même les précautions qu'exi-
gerait une austère prudence, ne voit, dans la com-
position de sa garde, qu'une force destinée à former
l'appui du trône, et à agir contre les ennemis de
l'État, si jamais, par la plus déplorable destinée,
la nation était de nouveau appelée au combat. Il n'y
a donc rien à redouter de cette garde, non plus que
des étrangers qui en font partie, parce qu'ils s'y sont
distingués dans tous les temps.

Vous vous plaignez, Monsieur, de ces *commémorations funéraires* qui se sont célébrées dans nos tem-
ples, et vous les trouvez en opposition avec *l'oubli du*

*passé*, dont le Roi a fait la recommandation la plus expresse. Mais les *commémorations funéraires* ont été en usage dans tous les temps, et chez tous les peuples. C'est un devoir religieux que l'on se plaît à rendre aux auteurs de ses jours, desquels la pensée nous rapproche, dans ces solennités, par le sentiment intime de l'immortalité de l'ame. Au jour marqué dans l'année, chez tous les peuples, des sacrifices, des expiations ont lieu pour rendre aux mânes de leurs pères, de leurs bienfaiteurs, les devoirs que commande la piété filiale ou la reconnaissance : et, lorsque pendant vingt-cinq ans, ces devoirs ont été méconnus, ou plutôt outragés, vous trouvez mauvais qu'on en rétablisse l'exercice ! Et, que ne trouvez-vous aussi mauvais, qu'à leur entrée sur le territoire français, nos princes, dans un pieux recueillement, aient dirigé leurs premiers pas vers le temple du Seigneur, pour lui adresser de justes actions de grâces ! Je sais bien que, dans ce siècle de lumières, on traite de préjugés nos anciennes institutions religieuses ; mais s'est-on mieux trouvé de les avoir abrogées ? Mais est-on plus heureux, depuis le règne des esprits forts ? Vingt-cinq ans de funeste expérience auraient dû suffire pour nous prouver qu'on s'écarte de tout, quand on s'écarte des principes de morale, sans lesquels il n'existe point de société. C'est pour le bonheur des peuples, que le trône et l'autel se prêtent un mutuel secours. Le Roi nous gouverne ; la loi nous protège, la religion nous console ; quand tout nous abandonne, elle seule nous reste. Les consolations accordées au malheur, les secours prodigués à l'indigence, nous sont toujours offerts par les ministres d'un culte qui ne prêche qu'amour du prochain et pardon des offenses. Comment redouteriez-vous l'exercice de cette religion sainte ? Comment supposeriez-vous à ses ministres des ressentimens qu'ils condamnent ? Comment pourriez-vous nous persuader que, dans ces derniers devoirs rendus à d'infortunées victimes, tant persécutées, et si long-temps oubliées, on n'a eu la secrète pensée de s'apitoyer sur leurs malheurs, que pour en signaler les auteurs ? Non, loin de nous de telles pensées ! La religion seule, dans toute sa pureté, a commandé ces commémorations funéraires : la piété la plus fervente y a présidée, et la plus ferme volonté de l'oubli du passé et du pardon des offenses y a été solennellement et franchement proclamée. Ne songez pas plus, Monsieur, aux *droits de l'homme*, que Louis XVIII ne songe aux trop déplorables journées de la révolution.

Eh quoi ! l'Europe se calme, et la France s'agite ! Le mot sacré de PAIX, prononcé du haut des *Alpes*, et répété par l'*Appennin*, les *Pyrénées* et les *Félices*, a rallié tous les Souverains, pour établir l'équilibre du monde ; et la France serait encore en proie à des dissensions, parce qu'il convient à quelques *écrivains*, à quelques *employés*, de s'élever contre un ordre de choses qui remet chacun à sa place ! Depuis quand la littérature est-elle devenue le champ de la politique ? Depuis que quelques factieux en ont fait leur domaine, pour se partager les dépouilles de leurs victimes. Depuis quand les *employés* forment-ils un corps dans l'état ? Depuis qu'un gouvernement usurpateur et assassin en avait créé une armée, dans la vue d'opposer la moitié de la nation à l'autre moitié ; depuis que dans de chimériques projets d'envahissement, il allait nous faire envahir nous-mêmes, si notre *fortune* n'y eût pourvu. Le peuple n'a plus besoin d'être éclairé par des *écrivains*, parce qu'il ne l'a que trop été par l'expérience. La France n'a plus besoin d'être surchargée d'*employés*, parce qu'un gouvernement réparateur ne cherche qu'à réduire la forme et le fond de l'impôt. Des *écrivains*, des *employés* dédaignés ou réformés, veulent se perpétuer : ils écrivent. Vains efforts ! la nation est heureuse, elle est libre ; elle bénit le Souverain qui lui est rendu : elle restera calme, et son amour pour le Roi sera la seule digue qu'elle opposera à ces petits torrens débordés. Le gouvernement lui-même, fort de ses œuvres, fort de la confiance qui l'entoure, dédaignant de sévir contre d'obscurs agitateurs, les abandonnera pour toute peine au mépris qui les couvre. Vous perdez vos places ! Eh ! manque-t-il en France des moyens d'industrie pour occuper vos bras oisifs et vos plumes errantes ? Nos ports ne sont-ils pas ouverts ? Nos colonies ne nous sont-elles pas rendues ? Nos manufactures ne sont-elles pas en pleine activité ? C'est vers les arts, vers le commerce, que doivent se tourner les regards de ceux qui ont des pertes à réparer, des moyens à faire valoir. Avec du génie et de l'inspiration, on parvient à tout dans les arts ; avec de l'activité, on réussit toujours dans le commerce ; et s'il ne conduit pas à la fortune tous ceux qui s'y dévouent, il ne les fait jamais rougir de leur profession : l'on peut même s'ennoblir de ses dons, quand ils sont acquis par l'économie, la prudence, l'ordre et la bonne foi, bases fondamentales de toute société.

CONSTANS,

*Auteur du Triomphe d'Alexandre, de l'Essai sur le Pouvoir en France, de Entendons-nous,* etc.

De l'Imprimerie de Renaudière, rue de Prouvaires, Nº. 16.